LE

TIDIKELT-TOUAT-GOURARA

ET L'ALGÉRIE

PAR

Le Colonel CROUZET

PARIS

LIBRAIRIE MILITAIRE DE L. BAUDOIN

IMPRIMEUR-ÉDITEUR

30, Rue et Passage Dauphine, 30

1893

LE
TIDIKELT-TOUAT-GOURARA
ET L'ALGÉRIE

PAR

LE COLONEL CROUZET

PARIS

LIBRAIRIE MILITAIRE DE L. BAUDOIN

IMPRIMEUR-ÉDITEUR

30, Rue et Passage Dauphine, 30

1893

Tous droits réservés.

LE TIDIKELT-TOUAT-GOURARA

ET L'ALGÉRIE.

I.

Au nombre des questions africaines qui ont occupé la presse dans les derniers mois de l'année 1891, a été celle dite du Touat, appellation bien impropre qui trompait sur sa portée, en faisant prendre la *partie* pour le *tout*.

Qu'est-ce, en effet, que le Touat? C'est une fraction d'une confédération d'oasis dont fait ressortir la réelle importance la meilleure carte que l'on possède sur le pays, établie par le lieutenant-colonel de Colomb, alors commandant supérieur du cercle de Géryville, et publiée en 1860 sous la direction de Malte-Brun.

De cette confédération, le Touat n'est pas l'élément principal. Le Gourara au nord, le Tidikelt à l'est, lui sont supérieurs en étendue et en population. Puis viennent, en allant du sud au nord, les groupes secondaires de Tametit, Timimi, Isabet, Dehamcha, Zoua, etc., enclavés entre le Gourara et le Touat, comme celui-ci l'est lui-même entre lesdits groupes et le Tidikelt. De sorte que la conquête du Touat devait nécessairement être précédée et suivie de celles des oasis circonvoisines. Il fallait le *tout*, et non une seule de ses parties.

L'entreprise était grosse assurément, et c'est ce dont ne semblaient nullement se douter les journaux qui en réclamaient l'exécution immédiate, afin de devancer l'empereur du Maroc accusé, sur la foi de rumeurs arabes plus ou moins contradictoires, de vouloir annexer à son empire des territoires que nous avait concédés notre traité de 1890 avec l'Angleterre et qui étaient le trait d'union entre le Soudan et l'Algérie. Nous y avions d'ailleurs, ajoutait-on, de nombreux partisans dont le concours rendrait la tâche facile.

Or, tel n'était pas l'état de choses existant.

En réalité, nous avions peu à craindre l'empereur du Maroc, dont on signalait, avec exagération du reste, les menées ambitieuses. Nous sommes ses voisins depuis assez longtemps pour savoir qu'il règne plutôt qu'il ne gouverne. Chef d'un État qui en fait d'institutions n'a qu'une administration rudimentaire, il est sans armée, car on ne peut appeler de ce nom ses quelques centaines de réguliers auxquels se joignent des contingents que des tribus lui fournissent dans certains cas, moyennant des immunités de toute sorte. Son trésor est pauvre. Les populations du Sud profitent de leur éloignement, qui les rend invulnérables, pour lui refuser l'impôt. Celles du Nord ne le lui versent que par *bribes* et *morceaux ;* il doit même souvent employer la force armée. Son autorité n'est effective que dans sa capitale et dans les principales villes du littoral. Partout ailleurs il ne rencontre qu'indiscipline, révolte et anarchie, dont les Mahia et les Angad, qui sont à nos portes, nous donnent fréquemment des exemples caractéristiques. Comment veut-on que, dans de semblables conditions, il songe à s'agrandir lorsqu'il a déjà dépassé de beaucoup ses moyens d'action ? Il le voudrait, qu'il ne pourrait certainement pas arriver à ses fins.

Cette impuissance que nous lui reconnaissons, il nous l'a confessée lui-même à diverses reprises, notamment en 1859 et 1870.

En 1859, l'Algérie ayant été dégarnie d'une partie de ses troupes pour la guerre d'Italie, les Béni-Snassen, nos voisins du côté de Lalla-Maghnia, crurent pouvoir insulter impunément notre territoire, voler nos tribus, piller nos marchés. La guerre terminée, nous demandâmes une réparation à la cour de Fez, qui nous répondit qu'étant hors d'état de nous l'accorder, nous devions l'obtenir par nos armes. Un corps de 12,000 hommes fut alors concentré sous *Lalla-Maghnia,* aux ordres du général de Martimprey. Il pénétra, en octobre, chez les Béni-Snassen, qui, à la suite du combat du col de Tafoural, se soumirent et payèrent une forte contribution de guerre.

Au commencement de 1870, les nomades du Sud marocain (Oulad-Djérir, Doni-Ménia, Béni-Guil) avaient donné asile à nos dissidents et venaient commettre chez nous de nombreux actes de déprédation. Un châtiment devait atteindre ces pillards ; nous le réclamâmes à Fez, qui nous fit le même aveu d'impuissance qu'en 1859, et, comme à cette époque, nous dûmes le poursuivre nous-mêmes. A cet effet, le général de Wimpffen, commandant la province d'Oran, partit des hauts plateaux, le 29 mars 1870, à la tête de 3,000 hommes environ, pour s'enfoncer dans l'extrême sud-ouest.

Le 30 mars, il refoula les Béni-Guil au *Djebel-Grouz* ; le 15 avril, après de longues et pénibles marches, il atteignait les Marocains, que nous voulions châtier. Retranchés à *El Bahiria* (ensemble d'îlots formés par l'ouad Ghir, qui venait de recevoir une grosse crue), ils opposèrent une vive résistance. Mais nous n'en remportâmes pas moins sur eux un succès décisif, auquel on aurait dû se tenir, tandis que sous prétexte que l'oasis d'*Aïn-Chaïr* avait fait cause commune avec les vaincus, on voulut marcher contre elle. Comme directeur des affaires arabes, nous déconseillâmes cette entreprise. La colonne n'était pas suffisamment outillée pour la mener à bien, et nous savions, d'après des renseignements sûrs, que nous aurions à compter avec de gros contingents, résolus à lutter à outrance. Le fait confirma nos prévisions. Aïn-Chaïr, attaqué le 25 avril à 3 heures de l'après-midi, se défendit avec une vigueur et une énergie qui dessillèrent les yeux de ceux qui en avaient cru la prise facile. Nos pièces de montagne ne firent, dans les murs en pisé de l'enceinte, que des trous-créneaux aussitôt garnis de nouveaux fusils. On essaya vainement des sacs à poudre. Pas de brèche praticable. La nuit arriva, et il fallut rétrograder après avoir eu des tués, dont deux officiers, et nombre de blessés. Nous fûmes bel et bien *ramenés !*

Le général de Wimpffen, qui était l'intrépidité et l'audace mêmes, voulait, pendant la nuit, tenter une surprise qui aurait eu peu de chances de succès, et un nouvel engagement malheureux nous eût créé une situation exceptionnellement grave. Nos munitions se faisaient rares, nos vivres s'épuisaient et nous étions à douze jours de marche de notre base de ravitaillement. La prudence s'imposait, et il parut préférable de faire succéder l'action diplomatique à l'action militaire. Nous amenâmes la djémmaa (assemblée de notables) d'Aïn-Chaïr à des ouvertures de paix. Elle répudia toute participation aux désordres dont nous avions eu à nous plaindre, protesta de son désir d'entretenir avec nous de bonnes relations, et, comme gage, elle nous offrit de nous livrer 200 quintaux d'orge, autant de dattes, des moutons et de menus vivres pour nos troupes. Le général de Wimpffen accepta cette offre le 26 avril au matin. Nous avions ainsi obtenu comme une sorte de compensation morale à l'échec militaire de la veille.

Cette expédition de l'ouad Guir est à retenir, parce qu'elle a fait ressortir les difficultés que présentent les mouvements dans le Sud, et les résistances inattendues auxquelles on s'y heurte.

Les étapes sont longues, la fatigue est grande, et l'homme s'use d'autant plus vite que son alimentation n'est pas en rapport avec l'effort qu'on doit lui demander. C'est le régime sec : du biscuit, des conserves. Parfois de la viande fraîche, mais provenant de bêtes que quelques jours de marche à la suite des colonnes rendent transparentes, elle est à peine mangeable.

D'autre part, l'eau est rare et généralement salée. Des équipages de tonnelets, dans lesquels elle ne se bonnifie pas, sont nécessaires dans ce *Bladel ateuch* (pays de la soif).

Dans l'obligation où l'on est de tout emporter avec soi, les convois sont énormes. Celui de la colonne de 1870 comptait *7,000 chameaux*. Il est vrai qu'il y avait eu profusion de cavalerie (7 à 8 escadrons) qui, en raison de la grande quantité d'orge dont elle a besoin, alourdit les colonnes du Sud, sans servir à grand'chose. Contre les oasis où l'on rencontre les résistances sérieuses, elle n'est que gênante. En plaine, les cavaliers arabes n'hésitent pas à se mesurer avec elle, et non toujours sans succès. Les mouvements insurrectionnels de 1864 et de 1881, dans le Sud oranais, l'ont prouvé. Les *lascars*, ou *grandes capoutes*, comme les indigènes appellent nos fantassins, leur inspirent seuls une crainte réelle. La force principale devrait donc être en infanterie, surtout si on se laissait entraîner à opérer dans cet ensemble d'oasis de l'extrême Sud, que le difficile n'est pas de s'attribuer dans le huis clos des chancelleries, mais de soumettre.

Nous ne trouverions pas certainement dans ces parages notre vieille connaissance *Bou Amama* généralissime, comme on l'a prétendu, d'une armée de 40,000 hommes. Bou Amama a fait son temps. L'insuccès final de son entreprise de 1881 lui a fait perdre son auréole d'un jour; il n'est plus l'envoyé de Dieu. Seulement, ce serait le grandir que de tant le rechercher, comme si nous lui reconnaissions le pouvoir de nous soumettre tout un pays, et de lui demander à cette fin des entrevues qu'il accepte et auxquelles il ne se rend pas. Témoin celle que le Gouverneur général comptait avoir avec lui dernièrement à El Goléah, où il a été vainement attendu. C'était facile à prévoir; il aurait bien trop craint d'être arrêté en venant à nous, ou de perdre tout au moins au contact impur des chrétiens le peu de prestige qu'il peut exercer encore parmi les siens.

Nous devons prendre cet intrigant pour ce qu'il est, pour ce qu'il vaut, sans le populariser en en faisant des biographies merveilleuses. La vérité est que son influence étant fort limitée, son intervention ne saurait modifier en rien notre situation dans ses parages, où nous n'avons que de l'hostilité à récolter.

On a dit et répété, d'après des nouvelles mises périodiquement en circulation depuis des années, qu'il y avait deux partis en présence : un parti français et un parti marocain. Mais ces bruits n'ont jamais eu le moindre fondement. C'est pour y avoir cru que le commandant supérieur du cercle de Géryville, qui s'était dirigé en 1861 sur le Tidikelt avec des marchandises destinées à des tentatives de commerce d'échange, se vit arrêter à distance respectueuse d'Insalah, dont il n'aperçut que la cime des palmiers, et que la mission Flatters fut massacrée par ces forbans de Touareg qui devaient la guider, la protéger, lui assurer un accueil enthousiaste dans toutes les oasis.

De partis au Tidikelt-Touat-Gourara, il n'y en a qu'un seul qui réunit tous les habitants : c'est celui de l'indépendance séculaire dont ils jouissent et qu'ils entendent conserver. Tranquilles du côté du Maroc impuissant à la leur ravir, ils se lèveraient en masse pour la défendre avec acharnement si nous la menacions, et ce ne serait pas par le système de *petits paquets*, par une sorte de marche militaire avec 700 à 800 hommes, que nous vaincrions leur résistance. Rappelons-nous Zaatcha dans les

Zibans en 1849, Laghouat en 1852, Aïn-Chaïr en 1870, et réfléchissons que nous nous heurterions à des centres beaucoup plus importants encore, tels qu'Insalah dans le Tidikelt, Timimoun dans le Gourara, pour ne citer que ceux-là. Nonobstant la puissance destructive qu'ont acquise depuis les engins de l'artillerie, les choses prendraient un caractère sérieux.

Deux colonnes seraient au moins nécessaires. L'une d'elles se dirigeant d'El Goléah sur *Insalah* chercherait à réduire le Tidikelt et le Touat qu'elle atteindrait par le sud à Taourit et remonterait vers le nord pour donner la main à l'autre qui, partie de la province d'Oran, d'Aïn-Safra, par exemple, aurait le Gourara pour premier objectif.

Pour arriver sur le théâtre de leurs opérations, les deux colonnes auraient à parcourir, celle d'El Goléah, 512 kilomètres environ, celle d'Aïn-Safra, 400. Puis leurs mouvements dépendraient des circonstances. Mais, à coup sûr, leur tâche serait laborieuse, et pour les mettre à même de la remplir, il faudrait les constituer assez fortement. Nous estimons que chacune d'elles devrait avoir 4,000 hommes d'infanterie, deux escadrons de spahis pour être employés avec des goumiers à la conduite et à la police du convoi, une section du génie et deux sections d'artillerie de campagne. Ce serait à peu près 1000 hommes de plus et 400 chevaux de moins que ne comprenait la colonne de l'ouad Guir en 1870, et, sous le rapport du convoi, ce moins et ce plus se compenseraient. Or, il fallut, ainsi que nous l'avons rappelé, 7,000 chameaux. Mais comme on irait beaucoup plus loin, que la somme des inconnues serait plus grande, que les ravitaillements seraient plus difficiles, il y aurait à augmenter d'autant le chiffre de son premier approvisionnement et, par suite, ses moyens de transport. Nous ne croirons pas exagérer en avançant qu'il faudrait au bas mot 12,000 chameaux par colonne, soit 24,000 pour les deux.

En 1870, au grand mécontentement de nos Sahariens, on ne paya pas les animaux requis. En 1881, dans le Sud oranais, où nous commandions une colonne, on donnait 3 francs par bête et par jour, chiffre vraiment dérisoire, et il nous est venu qu'on aurait adopté aujourd'hui la fixation plus équitable de 6 francs. Prenant ce taux comme base de calcul, on peut se rendre compte de la dépense qu'occasionneraient des opérations de quatre à cinq mois, rien qu'en payement de 24,000 chameaux de transport; elle se chiffrerait par de beaux millions [1].

Et pourquoi de tels sacrifices en hommes et en argent? Le *Figaro*, dans un de ses numéros du mois d'octobre 1891, disait que le Touat seul « ne valait pas les os d'un chasseur d'Afrique », et c'est vrai.

On s'est plu à écrire que le Tidikelt-Touat-Gourara était d'une fertilité exceptionnelle, un centre commercial de premier ordre. Il faut en rabattre.

Le pays est riche, très riche même en dattes. Mais c'est là toute sa production, comptant pour peu quelques jardins et champs d'orge disséminés çà et là, et dont le rendement ne suffit pas à la consommation locale. Pas de pâturages, partant pas de bétail; de rares moutons de race fort médiocre seulement. Et qu'on ne prétende pas que l'Européen obtiendrait beaucoup plus, en exploitant des ressources négligées par les indigènes. Tout comme dans une zone similaire du sud de la province de Constantine, la vallée de l'ouad Ghir où il a pénétré depuis quelque temps, la nature du sol et le climat ne lui permettraient guère que la culture du palmier.

L'industrie ne va pas au delà de la fabrication, pour les besoins locaux, de tissus grossiers et d'ustensiles d'un usage domestique.

Le commerce n'est pas plus florissant. A notre arrivée en Algérie, il y a quelque 36 ans, des enthousiastes nous faisaient des récits merveilleux sur ces contrées. La poudre d'or, l'ivoire et mille autres riches produits y affluaient du centre de l'Afrique et étaient importés jadis dans le Sud et le Tell algériens. A nous de faire revivre et d'activer ce courant, l'avenir de la colonie en dépendait. Hélas! ce n'étaient là que des contes aujourd'hui réédités à plaisir. Autrefois, sous la domination turque, et même dans les premiers temps de notre occupation, il venait, c'est vrai, des caravanes. Mais ni la poudre d'or ni l'ivoire ne les encombraient; elles n'amenaient que du *bétail humain* et, avec le mon-

---

[1] D'autre part, la réquisition d'un pareil nombre de bêtes de transport pèserait plus que lourdement sur nos Sahariens. Il faudrait cependant y recourir, à moins d'agir aussi inconsidérément qu'en 1881 lors de l'insurrection du Sud oranais, en construisant d'autres voies ferrées qui resteraient comme autant de nouvelles sangsues attachées au flanc du budget.

tant de sa vente, elles achetaient divers produits manquant dans leur pays. A partir de 1848, ce trafic ayant été absolument interdit dans nos possessions, il n'en reparut presque plus. Les esclaves furent dirigés sur le Maroc, et nous n'avons pas à les lui envier.

Depuis, toutes les relations commerciales entre l'Algérie et le Tidikelt-Touat-Gourara auraient cessé, si nos Sahariens n'avaient continué à s'y rendre, comme anciennement, chaque année, à l'automne, avec des caravanes chargées de grain, de toisons de laine, de beurre, d'objets de quincaillerie, de miroiterie, etc..., qu'elles échangent contre des dattes.

Voilà en peu de mots quelle est la richesse, quel est le courant commercial de cet ensemble d'oasis dont la prise de possession immédiate a été si vivement réclamée. Elles n'ont rien de bien tentant, rien qui puisse faire hâter la construction du transsaharien, conception d'esprits plus rêveurs que pratiques.

Ces territoires, trop vus à travers des mirages, ont été reconnus nôtres par le traité de 1890 portant partage de l'Afrique entre la France et la Grande-Bretagne. Craindre que d'autres ne nous y précèdent si nous ne les occupions pas de suite, ce serait puéril. L'Angleterre connaît trop leur valeur pour chercher à nous en priver; l'Allemagne n'y a aucun intérêt, et quant à l'empereur du Maroc, voudrait-il nous les contester et se les annexer, qu'il serait impuissant à réduire des populations qui repoussent autant sa domination que la nôtre.

II.

La situation n'est donc pas en péril et nous avons certes mieux à faire que de courir à une conquête dont on a singulièrement méconnu les difficultés. Au nord de nos possessions, la situation est loin d'être satisfaisante et appelle toute notre attention. Les débats auxquels a donné lieu, en 1891, le budget de l'Algérie, l'a mise en relief. Bien des vérités ont été dites à la tribune de la Chambre et à celle du Sénat. Mais, en somme, des beaux discours que nous avons entendus, il n'est sorti qu'une commission d'enquête, la centième peut-être que l'Algérie aura vue fonctionner.

Il est à désirer que cette nouvelle commission ne se perde pas, comme les précédentes dont les travaux sont restés stériles, dans des détails, dans des questions de personnes, de régime militaire ou de régime civil. Là ne sont pas les principales causes du mal constaté. Il convient de les rechercher plutôt dans le système de colonisation, d'administration et de commandement que l'on a suivi et qui appliqué, même avec le personnel le plus capable, le plus irréprochable, ne pouvait produire rien de très bon.

Au lieu de chercher à rapprocher l'élément européen et l'élément indigène, à les associer, on créa entre eux une ligne de démarcation par des territoires distincts et un véritable antagonisme en donnant à l'un la dépouille de l'autre.

Un refoulement arabe ayant été préconisé, dès le premier jour, par quelques organes de la presse, l'administration le pratiqua sous forme de dépossession et marcha rapidement dans cette voie. Le droit de conquête semblait devoir tout autoriser. Cependant des engagements nous liaient aux indigènes. Nous leur avions promis de respecter leur religion et leurs biens.

Ces engagements n'auraient-ils pas existé, que notre intérêt nous eût commandé de ne pas les exaspérer, de ne pas les pousser à bout par des mesures fiscales leur ôtant tout lendemain. C'est ce que comprirent les législateurs de la deuxième République en votant la loi du 16 juin 1851 sur la propriété arabe. Mais cette loi, qui faisait une juste part entre les vainqueurs et les vaincus, fut tellement torturée, dénaturée dans son esprit, qu'on en vint encore à faire de l'arbitraire sous le couvert de la légalité.

Les habbous (biens religieux) continuèrent à être appréhendés partout où ils ne l'avaient pas été. On prit même, à ce titre, des biens ayant un autre caractère et, en dédommagement de leur spoliation, les mosquées eurent quelques crédits budgétaires d'un chiffre dérisoire.

Les détenteurs de biens *melk* (propriétés privées) durent, pour pouvoir les conserver, produire des actes dits authentiques, jugements de medjelès (tribunaux musulmans de 2e degré), lettres d'attribution revêtues des cachets des anciens beys, etc. Une possession ininterrompue de nombre d'années ne valait pas.

Les biens réellement *Beylik* (biens du gouvernement) devaient revenir sans conteste à l'État. Mais beaucoup qui ne l'étaient pas furent inscrits comme tels. Le domaine avait ses révélateurs intéressés à en découvrir le plus possible, et la sincérité de leurs déclarations était rarement mise en doute. Il suffisait, d'ailleurs, qu'un bey ou ses agents eussent disposé une année, par un de ces abus de pouvoir qui leur étaient familiers, d'une terre appartenant à des particuliers ou à une tribu pour qu'immédiatement il y eût présomption en faveur de l'État, et de la présomption à une inscription il n'y avait qu'un pas, il était franchi.

Les biens *sabga* ou *arch* (biens collectifs) eurent aussi à supporter leur part de prélèvements, quoiqu'ils fussent formellement garantis aux tribus par la loi du 16 juin 1851.

Cette même loi spécifiait que les bois et les cours d'eau appartenaient à l'État, mais sous la réserve des droits de propriété et d'usage.

Or, ceux de ces droits afférents aux bois furent plus que disputés aux indigènes. Sous prétexte que leur exercice était inconciliable avec la conservation des richesses forestières du pays, on les en dépouilla, moyennant l'attribution, en guise de compensation, d'espaces totalement insuffisants comme étendue et peuplement.

Quant aux eaux d'irrigation, les indigènes, quoique riverains d'amont, ne pouvaient s'en servir que tout autant que les colons d'aval avaient leur compte, se déclaraient satisfaits. Si non, et en plein été, quand leurs cultures d'arrière-saison risquaient de périr faute d'arrosages, l'eau leur était radicalement enlevée.

Des agents de l'autorité allaient faire détruire leurs petits barrages, avec menace d'amende et de prison, s'ils les rétablissaient.

Voilà comment fut respectée une loi dont l'application équitable nous eût épargné des ressentiments que nous ne tardâmes pas à accroître encore par la mise à exécution du sénatus-consulte de 1863 sur le cantonnement arabe.

Le but de cette mesure devait être de délimiter les territoires laissés aux tribus, de les leur attribuer par décrets, puis de constituer la propriété individuelle partout où elle serait collective. Jusque-là rien de mieux. Mais au cours des premières opérations on revint sur des questions brûlantes, en appelant les particuliers et le Domaine à produire auprès des commissions de cantonnement laissées juges de leur valeur, les revendications qu'ils auraient à faire relativement à des biens *melk* ou *Beylik*.

La crainte de nouvelles dépossessions s'empara des esprits, et elle n'était pas vaine ; car, dès le commencement, on rejeta, comme n'étant pas suffisamment authentiques et sans qu'il y eût réclamations de tiers, des titres de propriété privée, tandis que des terres dont l'origine *Beylik* semblait plus que douteuse, étaient dévolues à l'État.

Ce n'est pas tout. Si, dans le périmètre d'une tribu, il existait des espaces bien dotés comme fonds, eaux, etc., ils étaient pris en échange d'autres de qualité inférieure précédemment inscrits sur nos sommiers. Ces sortes de transactions ne satisfaisaient pas naturellement les indigènes ; nous les leur imposions, ils les subissaient, ne pouvant faire différemment. Pour nous, *la force continuait à primer le droit*, principe que nous ne trouvâmes odieux que le jour où il nous fut appliqué.

Le mécontentement général grandit et provoqua, en partie, le mouvement insurrectionnel de 1864 dans la province d'Oran, notamment chez les Flitta et les Béni-Oughar de la subdivision de Mostaganem.

Le cantonnement, qui avait déjà dégénéré en nouveau refoulement, n'en fut pas moins poursuivi, et, en 1870, il était très avancé quant à sa première partie : délimitation des territoires des tribus.

Nous touchions à la fin du régime militaire ; sous son règne, la dépossession, ou mieux le refoulement des indigènes, avait enrichi le Domaine ; ses sommiers étaient bondés, et on pouvait croire qu'on saurait développer la colonisation en vue de laquelle avaient été accumulées ces richesses territoriales ; mais il n'en fut rien.

Les immigrants n'arrivèrent pas en nombre, car à des gens, presque tous sans ressources, n'ayant que leurs bras, qui avaient plutôt besoin d'avances, on imposait, avec mille formalités, la justification d'un certain avoir ; ils prenaient alors une autre direction.

Un seul effort sérieux de peuplement européen avait été tenté. Ce fut en 1848, presque au lendemain de la soumission d'Abdel-Kader, qui permettait de considérer la conquête comme définitive. Sur la motion du général de La Moricière, l'Assemblée constituante vota plusieurs millions. Au moyen de ce crédit, des périmètres de colonisation furent rapidement constitués dans les trois provinces d'Alger, d'Oran et de Constantine. Le service du génie y construisit des habitations rurales, des fontaines, des abreuvoirs, etc. On y attira des Européens qui reçurent chacun, avec un lot de 25 à 30 hectares, une maison, des bêtes de travail, des instruments aratoires. Ces centres passèrent par bien des vicissitudes, mais ils n'en survécurent pas moins, et, aujourd'hui, ils forment, à eux seuls, plus de la moitié de nos établissements de colonisation.

Cet effort était à renouveler, et sous une autre forme, en le demandant à une compagnie ou société subventionnée en terres et même en argent, qui l'aurait produit plus fructueusement et à meilleur marché que l'État. Mais l'Empire, qui devait être la paix, fit les guerres de Crimée, d'Italie, du Mexique, d'Allemagne, Puis vint la République qui eut à payer les milliards de la libération, et ses finances une fois rétablies, elle les engagea dans des expéditions lointaines, lorsqu'il y avait encore tant à faire de l'autre côté de la Méditerranée.

Faute de crédits suffisants, à partir de 1856, on vécut au jour le jour, sans programme bien arrêté, avec deux autorités se disputant la prédominance, l'autorité militaire et l'autorité civile qui comptait déjà une légion de fonctionnaires et d'employés. Il y eut entre elles une série de tiraillements et de conflits qui ne profitèrent pas à la colonie.

La presse locale, écho de nombreux politiciens impatients de prendre place au budget, embrassa la cause de l'autorité civile. Il n'était pas d'invectives, d'insultes grossières qu'elle ne prodiguât à sa rivale. Elle réclamait sa disparition comme une mesure de salut public, et les événements la servirent à souhait en 1870.

Cette année fut aussi malheureuse pour l'Algérie que pour la France. La majeure partie de ses troupes avait été appelée sur le Rhin dès le mois de juillet, et le récit de nos désastres ne tardait pas à y arriver, en ébranlant le prestige de notre force. Il aurait fallu, en semblables circonstances, une union étroite, une sage virilité de la part de tous. Au lieu de cela, il n'y eut que déchaînement de passions, recrudescence d'appétits, anarchie complète.

Les politiciens des villes organisèrent des comités dits de défense qui usurpèrent les pouvoirs. Ils eurent des délégués à la tête du gouvernement général, des préfectures, des sous-préfectures, etc. Ils prêchaient l'indiscipline dans la caserne comme pour mieux saper l'autorité militaire qu'ils vilipendaient dans leurs réunions, dans leurs journaux, dans leurs rapports au gouvernement de la métropole. Ils lui prêtaient de noirs complots. Ne voulait-elle pas organiser une armée arabe pour rétablir sur le trône la dynastie impériale, ou fomenter tout au moins des troubles afin de prouver que le régime du sabre était toujours nécessaire?

Ces extravagances, si énormes qu'elles fussent, trouvèrent accès auprès de la délégation de Tours. Un de ses membres, M. Crémieux, qui avait pris en main les destinées de l'Algérie, fit paraître, au mois d'octobre, une décision aux termes de de laquelle tout officier de bureau arabe qui aurait un mouvement insurrectionnel dans sa circonscription, serait traduit devant un conseil de guerre.

C'était insensé, et les officiers visés, qui avaient été retenus par ordre formel à leurs postes, loin du théâtre de la guerre, demandèrent tous leur départ.

A quelques jours de distance, M. Crémieux, mais cette fois de sa propre initiative, sans y avoir été excité par les clubistes de la colonie, provoqua un décret qui naturalisait en masse les juifs algériens. Les Européens l'accueillirent avec stupéfaction, et les indigènes arabes avec irritation et dépit, d'autant que les nouveaux Français faisaient montre à leur égard d'une morgue qui contrastait singulièrement avec leur humilité de la veille.

Bientôt, il ne resta plus rien de ce qui avait contenu jusqu'alors les populations arabes. Écœurées, et en même temps enhardies par les déplorables spectacles que nous leur donnions, leur attitude devint nettement hostile ; tout en elles présageait une tempête prochaine ; heureusement qu'elle n'éclata qu'en janvier 1871, quelques jours seulement avant la signature des préliminaires de paix. Partie de la province de Constantine, l'insurrection avait rapidement gagné celle d'Alger et menaçait de s'étendre jusqu'à la frontière du Maroc. Des régiments durent être envoyés de France en toute hâte pour arrêter le mouvement et apaiser ensuite. Mais le mal était déjà grand. Nombre de villages ou de fermes avaient été brûlés, et leurs habitants égorgés. Si les indigènes s'étaient levés un mois plus tôt, quand nous étions encore aux prises avec les Allemands, nous aurions été certainement jetés à la mer.

Ce ne fut qu'en 1872 qu'on obtint la pacification des provinces troublées. Mais, dès 1871, alors qu'il fallait surtout guerroyer, reconquérir une partie de l'Algérie, les compétitions de pouvoirs se réveillèrent, et l'on se hâta d'introniser à Alger un gouverneur civil, comme pour donner satisfaction aux énergumènes dont les folies avaient mis la colonie à deux doigts de sa perte.

Avec ce gouverneur arrivèrent de nouveaux fonctionnaires, de nouveaux employés pressés de supplanter l'autorité militaire dans toute la région tellienne où ils devaient, disait-on, faire merveille. La colonisation était dans le marasme, ils l'en retireraient, ils la développeraient. Les Arabes, accablés d'exactions, gémissant sous un joug tyrannique, seraient, par leur administration, rendus à la prospérité, affranchis, régénérés.

Leur programme était beau, mais combien peu ils l'ont réalisé ! Par un formalisme outré, ils ont plutôt comprimé qu'activé le mouvement de colonisation. Quelques nouveaux centres, il est vrai, ont été créés par leurs soins. Mais l'autorité militaire en avait préparé les territoires, et leur peuplement ne s'est guère fait que par le dédoublement de familles de colons qui étaient dans le pays. En dehors de quelques centaines d'Alsaciens-Lorrains introduits par M. d'Haussonville, il n'y a pas eu beaucoup plus d'émigrants qu'avant. Leur bilan colonisation a donc été des plus légers.

Quant aux indigènes, le nouveau régime a pesé sur eux plus lourdement encore que le précédent. C'est ainsi, par exemple, que sur ceux de leurs territoires où le sénatus-consulte de 1863 n'avait pas été appliqué, on a procédé à son exécution d'après une loi de 1887 qui en aggravait les dispositions, en permettant aux commissions de cantonnement de prélever, sans compensations, sans recours aux tribunaux, tous les terrains qui seraient jugés nécessaires pour la colonisation ou des services publics.

Heureusement que cette loi draconienne ne devait s'étendre qu'à un nombre de tribus relativement restreint. Les territoires antérieurement délimités y échappaient, et il restait seulement à y transformer la propriété collective en propriété individuelle. Nous convenons que c'était une œuvre de longue haleine. Mais un service spécial, pourvu d'un personnel largement suffisant, avait été organisé pour l'accomplir, et cependant en 18 ans, nous apprend l'exposé de la situation générale de l'Algérie destiné au conseil supérieur, les travaux n'ont porté que sur 2,577,264 hectares, c'est-à-dire sur le cinquième seulement des terrains où il y a lieu de les exécuter, l'Algérie étant considérée comme ayant quatorze millions d'hectares. Ce résultat est mince, vu le temps et les forts crédits employés à l'obtenir. On aurait dû marcher d'autant plus vite qu'on a opéré d'une manière assez sommaire, trop sommaire même. Sur le titre qui a été délivré, en effet, à chaque membre d'une famille, on s'est borné à indiquer la part lui échéant sur la totalité du bien familial, lequel a été seulement délimité. Il s'ensuit que la vente par un des copropriétaires à un indigène étranger à la famille ou à un Européen, amène une licitation désastreuse par les frais qu'elle entraîne, ainsi que la vente souvent à vil prix du bien de la communauté. Par le fait, la propriété, qui était collective par tribu, l'est par famille. Le progrès est faible.

Durement traités en matière de propriété, les indigènes ne l'ont pas moins été sous tous autres rapports. Les exactions dont on devait les délivrer se sont plutôt accrues, les impôts et les amendes ont été aussi en augmentant. Deux contributions étaient payées seulement par eux sous le régime militaire, l'*Achour*, sur les céréales (blé et orge), le *zekkat*, sur le bétail (chèvres, moutons, bœufs, vaches et chameaux). Ces contributions étaient généralement payées en nature au gouvernement de la Régence. Nous, nous les perçûmes en argent, d'après des bases de conversion variant suivant la mercuriale des marchés, mais toujours très élevées, et nous y ajoutions des centimes additionnels dont les indigènes profitaient exclusivement. Ils étaient dépensés, en effet, en travaux d'utilité publique dans les tribus, en hospitalité arabe, en secours, en entretien de cavaliers, de postes de garde, etc., etc.

Le régime civil, ne trouvant pas ces contributions suffisantes, les a rendues écrasantes, de lourdes qu'elles étaient déjà. Comme celles du blé et de l'orge, les cultures d'arrière-saison (maïs, sorgho, etc.) ont été soumises à l'impôt *achour;* les arbres fruitiers n'y ont pas échappé non plus. Enfin, sous le titre « prestations », on a exigé des indigènes le payement de taxes énormes portant sur toutes les bêtes de somme, dont plusieurs étaient imposables au *zekkat*. De sorte qu'une tente moyenne qui, sous le régime militaire, payait de 6 à 8 francs, en acquitte aujourd'hui de 40 à 50, pour le plus grand bénéfice des caisses municipales, ne profitant guère qu'aux Européens. Les chiens de garde, indispensables aux *douars* pour se prémunir contre les maraudeurs de nuit, n'ont même pas été épargnés. On peut certainement affirmer qu'il n'y a que la volaille arabe qui n'ait pas encore été frappée.

A un sénateur qui, à la fin de 1891, signalait à la tribune ces avanlanches d'impôts de toute sorte, le gouverneur général, et après lui le ministre de l'intérieur ont répondu que si les Arabes payaient plus de contributions que jadis, c'est parce qu'ils faisaient des cultures qu'ils ne pratiquaient pas autrefois. On les aurait fortement embarrassés, si on les avait appelés à préciser ; mais l'Algérie est si peu connue dans le Parlement que nul n'a demandé de plus amples explications, et, en attendant, les indigènes continueront à subir des charges accablantes.

Pour s'en libérer, leurs ressources ordinaires n'ont plus suffi. Ils sont alors entrés plus avant dans la voie des emprunts usuraires, qui ont complété l'œuvre du fisc. La misère de la masse est indéniable. Dans certaines tribus, quantité de gens se nourrissent, pendant une partie de l'année, d'herbes et de racines ; un grand journal a pu le dire sans rien exagérer[1].

Les seules populations qui aient encore quelque aisance sont au delà des hauts plateaux. Plus éloignées que les autres de nos centres, ayant vécu en contact moins intime avec l'élément européen, leur imprévoyance native n'a pas eu les mêmes entraînements. Elles ont résisté davantage à la tentation de se créer des besoins nouveaux. L'usure et aussi le fisc ne s'y sont pas fait sentir au même degré.

---

[1] Le *Journal* n'a pu publier qu'en avril 1893 ces lignes écrites en juin 1892. La famine qui est venue depuis désoler certaines parties de l'Algérie a démontré que la situation qu'elles accusaient était loin d'être chargées.

On a répété que les indigènes auraient échappé à de telles calamités, si, s'étant montrés plus prévoyants, ils avaient créé des silos de réserve ; mais ceux-ci peuvent-ils vraiment être constitués par des populations écrasées d'impôts, dévorées par l'usure, auxquelles on n'a laissé que des rognures de territoires peu ou point productives et dont la récolte, même dans les années les plus heureuses, ne leur rapporte pas ce qu'elles doivent donner au *fisc* et à des créanciers implacables ?

Il aurait fallu continuer à conduire à grandes guides ces populations qui, en raison de leur existence essentiellement nomade, sont soumises à des migrations constantes. Mais voilà que l'autorité militaire, évincée du *Tell*, s'est repliée vers elles et a fondé nombre de postes dans le Sud. Par une administration plus étroite, elle gênera leurs mouvements et mettra son point d'honneur à recenser plus minutieusement leurs richesses, afin de justifier, par un accroissement d'impôt, sa raison d'être ; mais on dépensera beaucoup plus en frais de personnel et de ravitaillement des nouveaux postes, ravitaillement pour lequel il y aura à requérir des bêtes de somme, et il n'est rien qui irrite et dépite les indigènes comme ces réquisitions, tant elles sont une source d'abus et de vexations.

Dans la province d'Oran, les nomades en seront exempts, puisqu'on a le chemin de fer de Saïda à Aïn-Safra. Mais que ne nous coûte pas cette voie, dont le trafic n'est guère alimenté que par l'administration militaire ! Si l'on comptait bien, on arriverait à constater qu'en transports et en garantie d'intérêts, c'est une charge annuelle pour l'État de près d'un million.

Notre intérêt bien compris devait nous interdire toutes ces occupations faites dans le sud de l'Algérie pendant les douze dernières années.

Pourquoi sommes-nous, par exemple, à *El Ouad* (province de Constantine), à El Goléah (province d'Alger), au Kheider, à Mécharia, à Aïn-Safra (province d'Oran) ?

Tuggurt, situé à peu de distance de *El Ouad*, pouvait suffire pour l'*ouad Ghir* et le *Souf*. On aurait compris à la rigueur que nous eussions créé un poste à *El Ouad*, lorsque notre frontière sud-est, par laquelle se faisait une contrebande de guerre très active, avait besoin d'être particulièrement surveillée. Mais depuis que cette frontière a disparu par suite de notre établissement dans la Régence, depuis que tous les ports tunisiens sont en notre pouvoir, *El Ouad* était devenu un point d'observation très secondaire.

A la fin de 1872, nous fîmes une pointe sur *El Goléah*, sans motif sérieux, uniquement parce que notre uniforme ne s'y était jamais montré. Nous trouvâmes un petit kear en ruines, peuplé de quelques malheureux. Nous en revînmes pas plus avancés qu'avant; mais la course faite avec une colonne de 600 à 700 hommes avait exigé de fortes réquisitions de chameaux de transport. Les Sahariens de Biskra, qui avaient dû les fournir, en perdirent *1200*, pour lesquels ils ne reçurent aucune indemnité. Ce fut le plus clair de notre inutile entreprise.

En 1874, El Goléah passa, avec Ouargla, de la province de Constantine dans celle d'Alger. Les autorités de Laghouat, dont il relevait, allaient de temps à autre y interroger l'horizon ; mais le moment vint où ces visites ne parurent plus suffisantes. On proposa et on obtint, il y a quelques années, une occupation permanente d'un caractère purement pacifique. On avait dit : En nous établissant là-bas, nous serons au nœud des routes conduisant du Touat en Tripolitaine et en Algérie; nous pourrons mieux les surveiller et nouer en même temps avec les Touareg, dont nous nous rapprocherons, des relations politiques et commerciales qui nous seront des plus profitables; mais c'eût été mentir à nos traditions que de rester ainsi l'arme au bras. L'esprit de conquête devait reprendre ses droits et nous inciter à nous porter plus loin. De là, cette campagne entreprise ces derniers temps pour une expédition au Touat, qui a eu ses partisans et ses adversaires. Le Gouvernement, ne voulant mécontenter ni les uns ni les autres, a pris la *bissectrice*. La garnison d'El Goléah avait été d'abord fixée à 125 hommes, il l'a portée à 600. Les adversaires de l'expédition se sont considérés comme satisfaits par cette mesure, et ses partisans, plus clairvoyants peut-être, n'y ont vu qu'un ajournement dont ils s'efforceront de faire abréger la durée.

Il est vraiment regrettable que les pouvoirs publics n'aient pas nettement tranché, dans le sens de l'abstention, cette question du Touat, si légèrement engagée, sur la foi de nouvelles contradictoires colportées par ces fourbes de Touareg, que nous connaissions assez cependant pour savoir ce que valaient leurs discours. Depuis des années, ils nous envoyaient des délégués plus ou moins autorisés. Nous en recevions, étant commandant supérieur du cercle de Biskra. Ils arrivaient sur leurs méhari, le visage voilé, l'allure mystérieuse. Après les compliments d'usage, un entretien s'engageait, au cours duquel ils protestaient des bonnes intentions de leurs frères à notre égard, de leur désir d'avoir avec nous les meilleurs rapports d'affaires, de nous amener des caravanes pour un commerce d'échange. Ils nous offraient, enfin, de nous servir d'intermédiaires avec les populations des oasis de l'extrême Sud, parmi lesquelles nous comptions tant de sympathies. Du chef-lieu du cercle, ils se rendaient au chef-lieu de la subdivision, de celui-ci au siège de la division, et même à Alger. Ils en revenaient avec des cadeaux, des paroles d'encouragement. Mais le but de leur voyage était de voir, d'entendre, de sonder nos projets, et à peine nous avaient-ils quittés, que leurs belles promesses de concours s'envolaient. Nous attendions vainement leurs caravanes, et ceux des nôtres assez imprudents pour se fier à leurs guides, à leurs escortes, étaient victimes de leur perfidie.

Notre établissement à El Goléah n'a pas modifié cet état de choses. Tels étaient, avant, les Touaregs, tels ils sont restés. En écoutant leur langage cauteleux, nous pourrions nous laisser entraîner à de graves aventures.

Mais poursuivons ce que nous avions à dire des postes du Sud. Dans la province d'Oran, nous trouvons comme points nouvellement occupés, *Kheider, Mécharia*. Aïn-Safra sur la voie ferrée, dont nous avons déjà parlé, et qui les laisse à plus de 30 lieues de notre frontière sud-ouest, c'est-à-dire trop loin d'elle, pour qu'ils puissent la surveiller et la défendre efficacement. C'est cependant par cette ligne, s'étendant des chott de Tigri vers le nord, par Galloul et les chott de Méhaia, que sont toujours venues les grandes incursions marocaines. Le 17 novembre 1881, notamment, le Bach-Agha révolté, Si Seliman-Ben-Kaddour, la suivit pour aller ghazzer nos haméian sous le canon de Mécharia fortement occupé. Ce que les Marocains ont fait dans le passé, ils le renouvelleront dans l'avenir, sans avoir beaucoup à craindre de nos détachements de El Kheider, de Mécharia et d'Aïn-Safra.

Ces postes, peu utiles au point de vue de la sécurité de notre frontière sud-ouest, ne l'étaient pas davantage au point de vue administratif ; car deux d'entre eux administrent. Mécharia et Aïn-Safra ont, en effet, des bureaux arabes se partageant les quatorze fractions des haméian qui, du mois de mai au mois d'octobre, sortent de leur rayon d'action pour remonter au nord, près du Tell, où elles font leurs approvisionnements de céréales. Aïn-Safra a en sus la tribu montagnarde des Amour et les Kçours d'Asla, de Tyout, de Sifissifa, localités pauvres, possédées en majeure partie par les nomades.

Autrefois, ces populations étaient dirigées et pouvaient l'être à un degré suffisant, de Sebdou. Les Kçours et les Amour ne payaient, sous le nom de lezma, qu'un faible tribut, qui marquait notre souveraineté. Aujourd'hui, avec une administration exercée de plus près, on recouvrera quelques centaines de francs de plus, mais on en dépensera des milliers en frais d'occupation. Si encore il y avait de ces côtés des terres cultivables ou un avenir commercial, on comprendrait que nous nous y fussions installés ; mais des terres cultivables point ; quant à un avenir commercial de quelque importance, il n'en existe pas d'indices réels, si l'on veut voir le pays autrement qu'à travers des mirages qui nous poussent à avancer toujours sans trop savoir où nous allons, ni ce que nous laissons derrière nous. C'est en y cédant, par exemple, que le Gouvernement a proposé et que le Parlement a voté le prolongement du chemin de fer de Saïda à Aïn-Safra jusqu'à *Djenan-Bourezga*, qui aura une garnison. Ce sera un nouvel œil tourné vers le Touat, en attendant qu'on nous entraîne à sa conquête, dont nous avons fait ressortir le côté prématuré, les difficultés et les dangers. Ni le Tonkin, ni le Soudan, où nous nous épuisons en combats incessants, d'où il ne nous arrive que des nouvelles de deuil, ne peuvent nous suffire. Le vent reste aux aventures ; mais il faudrait pourtant y résister si l'on veut que l'Algérie devienne réellement la *nouvelle France*, ou la *France d'outre-mer*, comme on l'appelle déjà. Les résultats qu'on y a acquis, grâce à la fausse voie suivie, sont loin d'être en rapport avec la durée de l'occupation, les efforts et l'argent dépensés. Nous l'avons dit et nous y reviendrons sous forme de résumé, pour conclure ensuite.

La colonisation ne s'est pas suffisamment développée. De vastes horizons s'ouvraient cependant devant elle. Ses étapes étaient comme marquées par l'ancienne occupation romaine qui se révélait à chaque pas par des vestiges en rappelant les merveilles. Sans prétendre qu'on eût pu faire aussi grand, nous mettons hors de doute qu'il aurait été possible de tirer meilleur parti d'un pays dont tout, dans le passé, attestait les admirables ressources.

Seulement, il aurait été nécessaire d'avoir un plan judicieusement conçu, et il n'en existait pas. On allait au jour le jour, sans suite, semant beaucoup et récoltant peu.

Les travaux publics, même les plus urgents, ont été entrepris tard et menés lentement. Cette remarque s'applique, notamment, aux barrages, qui n'ont pas eu la part qui leur revenait. Les irrigations, sous le ciel algérien, valaient cependant de l'or. Les Romains l'avaient compris, et partout où il existait un cours d'eau, ils avaient cherché à en tirer profit. Aussi pouvaient-ils dire avec raison que l'Afrique était leur grenier d'abondance.

Si l'on avait préparé de la sorte leur installation, si d'autre part on ne leur avait pas opposé mille formalités, mille exigences, les émigrants seraient venus, tandis qu'ils prenaient une autre direction. 500,000 Européens environ, dont un tiers à peine Français, c'est peu, bien peu pour une période de 62 années. Et encore la prospérité de ces colons n'est-elle pas ce qu'elle aurait pu être. Au lieu de chercher à leur aplanir les difficultés inséparables de tout début, une administration tracassière les a plutôt accrues. Le fisc les a atteints prématurément. Le voilà frappant leurs propriétés bâties dont il arrête le développement, quand il y avait tout intérêt à les voir se multiplier.

L'élément européen et l'élément indigène devaient et pouvaient se compléter l'un par l'autre, et nous les avons isolés, rendus antagonistes, en les parquant dans des territoires distincts, en donnant au premier ce que l'on prenait au second.

On a abusé, en effet, du droit de conquête en poussant à outrance la dépossession des indigènes. On crut un instant que la loi du 16 juin 1851 sur la propriété arabe y mettrait un frein ; mais cette loi, tutélaire des droits de tous, reçut une interprétation qui en annihila les bons effets. Dans l'application du *sénatusconsulte* de 1863 on en tint peu compte, et enfin elle fut abrogée virtuellement par la loi draconienne du 28 avril 1887, qui était une consécration des détestables errements suivis jusqu'alors et un encouragement à y persister.

On était cependant en plein régime civil dont l'avènement devait être une ère de régénération pour le peuple vaincu ; mais si le régime a changé, le fisc est resté le même et se montre, sous la nouvelle administration, plus implacable encore envers les indigènes. Leur impôt *achour* est augmenté dans une large mesure, bien qu'ils n'aient pas pratiqué de nouvelles cultures, contrairement aux déclarations faites à la tribune par des organes du gouvernement. Leur impôt *zekkat* s'est également accru, et nombre de leurs animaux déjà soumis à cet impôt, sont frappés, à titre de prestations, de fortes taxes qui vont aux caisses des communes européennes. Ils doivent payer pour tout, même pour leurs chiens de garde.

Ainsi accablés, ils se livrent à des gens sans scrupules, qui leur prêtent à des taux scandaleux. Tous leurs biens ont été absorbés ou sont sur le point de l'être par ces emprunts. On compte ceux d'entre eux qui sont propriétaires, tant il y en a qui ne sont que locataires de leurs anciennes terres passées aux usuriers ou au domaine.

Cet état lamentable d'une population arabe puissante par le nombre, en présence d'une colonisation restreinte et insuffisamment prospère, constitue un *vrai péril*. On fait et on agit cependant comme s'il n'existait pas. On veut s'étendre toujours, aller courir l'aventure au fin fond du Sahara, et l'on n'a déjà que trop marché dans cette voie, en s'établissant au loin, de l'autre côté des hauts plateaux, sur nombre de points dont l'occupation très coûteuse nous affaiblit plus qu'elle ne nous rend forts, en nous obligeant à éparpiller nos forces.

Le maréchal Bugeaud, avec son esprit pénétrant, avait remarqué la tendance que nous avions à multiplier nos postes, et s'efforçait de la combattre dans d'admirables circulaires que contient le *Recueil des actes officiels de l'Algérie*. Ces postes, disait en substance cet éminent homme de guerre, « ne défendent que les points où ils ont été élevés. En cas de trouble, on est inquiet sur leur sort. La première préoccupation doit être d'aller les ravitailler, les renforcer, les mettre à même de résister. A cette tâche, on emploie la meilleure partie de ses troupes, et, en attendant, les foyers d'insurrection contre lesquels on n'a pu marcher à temps se développent, et on se trouve aux prises avec de grandes difficultés d'apaisement.... La dispersion des efforts entraîne la défaite, leur concentration assure le succès[1]. » Que n'a-t-on

---

[1] Il revenait sur ce sujet dans son ordre d'adieu du 5 juin 1847 aux officiers, sous-officiers et soldats de l'armée d'Afrique, en disant : « Nous nous sommes dispensés de multiplier les postes permanents, ce qui aurait immobilisé une grande partie de nos forces et nous aurait mis dans l'impuissance d'achever l'œuvre de la conquête. »

suivi ces sages avis donnés par un maître, au lieu de vouloir être partout, ce qui fait qu'on n'est solidement assis nulle part.

Au surplus, c'est une erreur de croire qu'en tenant le Sud, on tient le Tell, ou en d'autres termes que de la tranquillité du Sud dépend celle du Tell.

Si l'une de ces régions peut faire la loi à l'autre, c'est assurément le Tell qui possède, aux chameaux près dont il n'a pas grand besoin, tous les produits du Sud, tandis que celui-ci est son tributaire pour les grains nécessaires à son alimentation. Lui en fermer les portes serait l'atteindre dans la partie la plus essentielle de son existence. Il est donc plus juste de dire qu'une solide occupation du Tell rend maître du Sud. C'est ce qu'avaient compris les Romains qui ne dépassaient pas les têtes des vallées se dirigeant vers le Nord. Là, ils construisaient des forts d'arrêt dont on voit encore les vestiges, ayant pour seul rôle de surveiller le mouvement des Sahariens vers le Tell. Les Turcs les copièrent en gardant les mêmes passages, et lorsque les tribus du sud envoyaient leurs caravanes en approvisionnement de céréales, ils percevaient sur elles le hac el Teniet (droit du défilé) par lequel ils affirmaient leur souveraineté. C'était de la domination à grandes guides telle qu'elle convenait vis-à-vis de tribus errantes. Mais nous, nous avons cru devoir les doter de cette administration rapprochée, à mailles serrées, qui nous étreint en France et dont se meurent nos colonies.

Non, certes, le danger n'est pas dans le Sud, mais dans le Nord où sont près de 4 millions d'Arabes dépossédés de la majeure partie de leur sol, ruinés par le fisc et l'usure. C'est tout ce que leur a valu notre conquête, bien que nombre d'entre eux, comme les *Douairs* et les *Smèlas* de la province d'Oran, venus à nous dès la première heure, nous eussent servis en auxiliaires fidèles et dévoués. Par contre les israélites indigènes, qu'ils tenaient sous leur dépendance, ont été délivrés, sont devenus Français, capitalistes et gros propriétaires. Cet état de choses ne peut, on en conviendra, être de nature à leur faire aimer notre cause, et, au fond, ils nourrissent contre nous un vif ressentiment dont l'explosion avivée par le fanatisme religieux, est fort à craindre.

La situation ne manque donc pas de gravité, et ce n'est pas par de simples réformes d'ordre administratif ou judiciaire, ni par une large organisation de l'instruction publique étendue jusqu'aux femmes arabes[1], comme il a été dit, qu'il nous est permis d'espérer d'en sortir. Tout cela serait intempestif ou impuissant à relever les indigènes de leur état de misère croissante, qui peut les porter aux extrêmes.

La politique absorbe tellement les esprits en France et dans nos colonies qu'on ne semble pas se douter que nous sommes en Algérie sur une sorte de volcan qui aura, si l'on n'y prend garde, ses petites et ses grandes éruptions. Ses petites, dans un avenir prochain, sous l'aiguillon de la faim, par une recrudescence d'actes de vol et de pillage contre nos colons; ses grandes, par une levée de boucliers, si l'heure des difficultés extérieures sonne pour nous. On pourrait bien retarder l'éclosion de ces dangers en ménageant les ressources dont disposent encore les indigènes, par la diminution de leurs impôts et de leurs charges de toute sorte; mais ce ne serait là qu'un palliatif, non le vrai remède au mal existant.

Aujourd'hui, les Européens sont noyés dans des flots d'indigènes, il faut que l'inverse ait lieu, c'est-à-dire que ceux-ci soient noyés dans ceux-là, dont ils deviendraient forcément les utiles auxiliaires.

Oui, au point où nous en sommes, l'absorption de l'indigène par l'Européen, est la seule solution possible, et elle est urgente. Comment l'obtenir?

L'État a prouvé qu'il était mauvais colonisateur. Après s'être assuré des terres par la dépossession des vaincus, il ne devait pas se contenter de les inscrire sur ses sommiers, il lui incombait d'y faire affluer les vainqueurs; c'eût été une fin qui aurait justifié ses moyens. Or, cette tâche, il ne l'a que très imparfaitement remplie, puisque, en 62 ans, l'élément européen n'est entré que pour le huitième au plus dans le peuplement de l'Algérie, tandis qu'il aurait dû y dominer ou y équilibrer tout au moins l'élément indigène, seul moyen de le contenir en tout temps, et d'ébranler par le nombre la foi qu'il a dans le triomphe de l'Islam dont il attend son relèvement.

Ce que l'État n'a pu faire, il faut le demander à une puissante

---

[1] C'est encore ce que nous avons entendu débiter de plus fort sur l'Algérie ; comme c'est peu connaître la société arabe et noyer, dans des mots sonores, l'idée religieuse qui y est si puissante !

initiative privée. En 1867, un pas fut tenté dans ce sens. Au printemps de l'année suivante, M. Frémy, gouverneur du Crédit foncier, et M. Talabot, directeur de la Compagnie Paris-Lyon-Méditerranée, vinrent visiter l'Algérie. Étant dans les coulisses, nous entendîmes parler de la constitution d'une compagnie qui avancerait, à bon intérêt, les fonds nécessaires pour l'exécution de travaux publics, et créerait des établissements de colonisation sur de grands espaces qu'on lui concéderait.

La compagnie fut formée, en effet. Elle reçut la dotation territoriale promise, mais elle n'y amena pas un seul colon. Elle loua, du soir au lendemain, aux indigènes anciens détenteurs, ses immenses propriétés dont l'ensemble, si nos souvenirs nous servent bien, comprenait plus de 200,000 hectares.

Nous avions accordé gros, et nous ne reçûmes presque rien en échange. Ce fut un véritable marché de dupes, qui ne serait pas à renouveler.

Des sociétés de colonisation devraient être créées, avec des statuts nets et précis qui ne leur permissent pas de s'écarter de leur but spécial. En dehors des terrains qu'elles pourraient acquérir par voie de transactions particulières, l'État leur abandonnerait ceux encore très vastes restant libres sur ses sommiers. Elles constitueraient ainsi des territoires de villages, de hameaux, des lots de ferme, y exécuteraient les travaux que réclamerait leur mise en rapport, et les feraient occuper ensuite, non par des Européens déjà dans le pays, mais par de nouveaux immigrants qu'elles sauraient bien appeler. Des conventions interviendraient pour régler les conditions de répartition des produits récoltés entre elles et leurs colons qui, sur leur bénéfice, les rembourseraient de leurs avances d'installations, d'après un système d'annuités laissant les occupants propriétaires au bout d'un certain temps.

Si, pour obtenir des sociétés sérieuses, il y avait lieu de leur accorder, outre la subvention territoriale dont nous avons parlé, une subvention en argent, on ne devrait pas hésiter à la donner, sauf à réduire considérablement les frais d'occupation de ces postes du Sud dont l'utilité est plus que contestable, et à renoncer, comme n'étant qu'un acheminement nouveau à l'aventure du Touat, au prolongement de cette voie ferrée de Saida à Aïn-Safra, déjà trop longue, trop coûteuse.

Avant d'aller plus loin, de courir à de nouvelles conquêtes, il importe, répétons-le, que nous nous consolidions dans le Tell où est l'avenir de la colonie, en y implantant une population européenne aussi dense que possible. A cette œuvre sont à consacrer nos principaux efforts, nos principales ressources. Si nous ne la menions pas à bien, nous ne retirerions qu'une faible partie de ce que vaut l'Algérie, et nous la laisserions à la merci d'une insurrection qu'une guerre européenne dans laquelle nous serions engagés, pourrait rendre triomphante. Les garnisons de nos postes, imprudemment disséminés sur d'immenses étendues, auraient de la peine à se maintenir dans leurs murs, et, comme troupes de campagne, les corps auxiliaires ou de deuxième ligne ne pèseraient pas assez dans la balance. Rappelons-nous leur insuffisance lors du mouvement de 1871 qui, survenu seulement un mois plus tôt quand nous n'aurions pas pu lui opposer des régiments de l'armée active, nous eût infailliblement acculés à la mer. Puissent les leçons du passé ne pas être oubliées et nous servir !

Paris. — Imprimerie L. Baudoin, 2, rue Christine.

www.ingramcontent.com/pod-product-compliance
Lightning Source LLC
Chambersburg PA
CBHW051358050726
47595CB00006B/2612